"What Choice Do I Have?"